Pandemia
e o despertar das emoções

Editora Appris Ltda.
1.ª Edição - Copyright© 2021 da autora
Direitos de Edição Reservados à Editora Appris Ltda.

Nenhuma parte desta obra poderá ser utilizada indevidamente, sem estar de acordo com a Lei n° 9.610/98. Se incorreções forem encontradas, serão de exclusiva responsabilidade de seus organizadores. Foi realizado o Depósito Legal na Fundação Biblioteca Nacional, de acordo com as Leis n°s 10.994, de 14/12/2004, e 12.192, de 14/01/2010.

Catalogação na Fonte
Elaborado por: Josefina A. S. Guedes
Bibliotecária CRB 9/870

S586p
2021
	Silva, Heloisa Regina Turatti
	   Pandemia e o despertar das emoções / Heloisa Regina Turatti Silva.
	- 1. ed. - Curitiba: Appris, 2021.
	   81 p.; 21 cm. – (Coleção geral).
	
	   ISBN 978-65-250-1177-6
	
	   1. Poesia brasileira. 2. Solidão. 3. Isolamento social. I. Título.
	II. Série.
	
	                                                      CDD – 869.1

Appris
  editora

Editora e Livraria Appris Ltda.
Av. Manoel Ribas, 2265 – Mercês
Curitiba/PR – CEP: 80810-002
Tel. (41) 3156 - 4731
www.editoraappris.com.br

Printed in Brazil
Impresso no Brasil

Heloisa Regina Turatti Silva

Pandemia
e o despertar das emoções

FICHA TÉCNICA

EDITORIAL	Augusto V. de A. Coelho
	Marli Caetano
	Sara C. de Andrade Coelho
COMITÊ EDITORIAL	Andréa Barbosa Gouveia (UFPR)
	Jacques de Lima Ferreira (UP)
	Marilda Aparecida Behrens (PUCPR)
	Ana El Achkar (UNIVERSO/RJ)
	Conrado Moreira Mendes (PUC-MG)
	Eliete Correia dos Santos (UEPB)
	Fabiano Santos (UERJ/IESP)
	Francinete Fernandes de Sousa (UEPB)
	Francisco Carlos Duarte (PUCPR)
	Francisco de Assis (Fiam-Faam, SP, Brasil)
	Juliana Reichert Assunção Tonelli (UEL)
	Maria Aparecida Barbosa (USP)
	Maria Helena Zamora (PUC-Rio)
	Maria Margarida de Andrade (Umack)
	Roque Ismael da Costa Güllich (UFFS)
	Toni Reis (UFPR)
	Valdomiro de Oliveira (UFPR)
	Valério Brusamolin (IFPR)
ASSESSORIA EDITORIAL	Cibele Bastos
REVISÃO	Stephanie Ferreira Lima
PRODUÇÃO EDITORIAL	Bruna Holmen
ASSISTÊNCIA DE EDIÇÃO	Marina Persiani
DIAGRAMAÇÃO	Yaidiris Torres
CAPA	Daniela Baumguertner
COMUNICAÇÃO	Carlos Eduardo Pereira
	Débora Nazário
	Karla Pipolo Olegário
LIVRARIAS E EVENTOS	Estevão Misael
GERÊNCIA DE FINANÇAS	Selma Maria Fernandes do Valle
COORDENADORA COMERCIAL	Silvana Vicente

À minha mãe (Iraci Inês Turatti),
que sentiu os efeitos do isolamento
durante a pandemia em toda sua plenitude.

Agradecimentos

Inicialmente, agradeço a Deus! Parece clichê abrir os agradecimentos desta forma. Mas é, sim, um agradecimento real, depois de conviver com a morte tão de perto. Estar viva, com saúde e respirando é uma benção. A nova realidade que a pandemia nos trouxe, como não ter a liberdade de ir e vir, de não podermos ver nossos parentes e amigos mais amados, de não podermos ir aos lugares que costumávamos ir, fez-nos ver o quão importante são as pequenas coisas no nosso dia a dia. Então, sim, sou agradecida por tudo que tenho e posso fazer. Obrigada, Deus!

Quero também agradecer à Ana Paula Oliveira da Silva, minha psicóloga, que me ajudou a atravessar esta fase tão difícil. Ouviu todos os poemas que eu escrevi sem cansar e me incentivou a realizar este projeto. Ana, sem você eu não teria conseguido atravessar essa pandemia, lidar com toda essa tristeza, frustação e solidão. Sua competência e comprometimento foram essenciais para manter meu equilíbrio emocional.

Quero deixar também um agradecimento ao Luccas Rodrigues Flores, meu aluno de Engenharia Química, que disponibilizou seus próprios poemas, para eu enfrentar o início da pandemia. E me incentivou a escrever os meus. Também disponibilizou-se a ler este trabalho, dando-me confiança para a publicação. Agradeço também por ele ter me dado o poema que usei na epígrafe e a foto com o relógio que transformei em desenho. Achei essa imagem (dele com o relógio) o símbolo perfeito de nossa clausura, aguardando o tempo passar, dia após dia.

E, finalmente, agradeço à Andreina Silveira Georg, minha aluna de Engenharia Química, que me deu apoio neste projeto com suas palavras carinhosas e encorajadoras e suas postagens corajosas nas redes sociais. Seus posicionamentos são inspiradores para mim.

Onde está meu coração?
Preso em um cemitério de esperanças
Procurando algo que abasteça seu enfurno
Tentando parar de apanhar
Acreditando sempre na inconsequência!

Onde está meu coração?
Batendo, batendo e batendo
Nada mais, nada menos
Apenas...

Batendo!

Luccas Rodrigues Flores
(Acadêmico de Engenharia Química em 2020)

Prefácio

Falar de emoções é sempre importante, ainda mais em tempos de incertezas e medos.

Quantos planos, ideias, projetos e iniciativas foram enterrados pela pandemia?

A pandemia, talvez, venha representar uma invalidação da nossa onipotência e controle de tudo, inclusive da natureza. Enquanto a realidade mostra-nos que somos vulneráveis. O isolamento social, ao mesmo tempo que nos protege, evidencia problemas pré-existentes.

Sentimentos que antes vinham sendo ignorados, deixados de lado na rotina do dia a dia, tiveram de ser encarados de frente neste isolamento. Além disso, esse sentimento de reclusão e incerteza em relação ao futuro causa uma insegurança e ansiedade muito além do que estamos acostumados.

A questão é que, culturalmente, não somos "preparados" para identificar e expressar o que sentimos em meio a tudo isso e fora desse contexto também. A tentativa de controlar as emoções vai no caminho oposto da inteligência emocional. Mas, afinal, qual o caminho para chegarmos até nós e processarmos tantos sentimentos novos neste novo contexto?

O momento "pausa", o qual nos convidou a pandemia, pode ser um desses caminhos para mergulharmos em nós, de silenciar nossa mente, momento de transformação, de saímos da nossa zona de conforto, de libertação, de inspiração.

Enfim, este é o convite carinhoso deste livro tão despretensioso, mas que tem por objetivo chamar-nos a mergulhar para dentro de nós.

A saída, por mais contraditória que pareça, é olhar para dentro de nós! É trazer à consciência o que sentimos e como lidamos com isso. Essa "consciência emocional" é uma habilidade importante para desenvolver autoestima e resiliência, trazendo bem-estar e felicidade ao nosso dia a dia. Além disso, fornece-nos ferramentas adequadas para enfrentarmos momentos como estes que estamos passando.

Mergulhar em si mesmo, redescobrir-se em profundidade, pode inicialmente ser assustador e doloroso, mas com a compreensão e o reconhecimento de si mesmo, pode-se alcançar a plenitude emocional para enfrentar as adversidades e compreender que cada situação é uma chance de aprender, compreender, evoluir em si mesmo.

E essa evolução pode, inclusive, ir além de si mesmo, como nos evidencia Mahatma Gandhi ([194-?], s/p) em suas palavras:

> Temos medo de estarmos conosco, mergulharmos em nosso interior. O silêncio e sua prática nos levam a esta possibilidade de encontro profundo e revitalizador. Com o silêncio, encontramos a paz, e o amor incondicional vem com toda a força transformadora. O amor é a força mais sutil do mundo. O mundo está farto de ódio. É este ódio irracional e distante da força criadora que destrói, corrompe e ensurdece a humanidade.
>
> Pare! Recomece! Reprograme-se... O silêncio pode ser o ponto chave desta nova caminhada. Pratique-o diariamente e transforme um pouco nosso mundo. Ouça-se. Temos de nos tornar a mudança que queremos

ver no mundo. Você tem que ser o espelho da mudança que está propondo. Se eu quero mudar o mundo, tenho que começar por mim.

Com a tranquilidade de sabermos quem somos e o que sentimos, teremos olhos para as questões do mundo e estaremos abertos a nos tornar a mudança que esperamos dele. Sem ter os olhos blindados pelo medo, podemos agir em prol do outro, pensar de forma humanitária, enfim, viver como um ser humano completo.

Ana Paula Oliveira de Silva

Psicóloga

Apresentação

É 2020, ano da pandemia. Em meio a esta crise na saúde mundial é que escrevo os versos que aqui registro. É importante esclarecer que não tenho vivência na área literária.

Sou da área tecnológica, professora de diferentes disciplinas na Engenharia, mas sempre tive um viés nas artes, mas voltado ao desenho e pintura. Confesso que escondi essa habilidade por cinco anos, por medo de como seria vista pelos colegas. Mas chegou o momento que não era mais possível esconder, a arte foi tomando uma posição importante no equilíbrio do meu ser. Fiz, então, várias exposições, fui vista na minha totalidade.

Uma engenheira que desenha sempre foi algo visto com surpresa pelos que me rodeiam. Passado o susto inicial, as pessoas acostumaram-se a ver meus trabalhos artísticos e assistir a minhas aulas tecnológicas de forma mais natural. O que é uma coisa boa, pois desmistifico a ideia de que quem trabalha com números não pode ser sensível à beleza. Podemos trabalhar diferentes áreas do cérebro, somos seres completos que pensam e sentem. Basta acreditarmos e não termos medo de experimentar essas emoções. E nesse caminhar descobri muitos alunos com esse mesmo viés artístico, alguns com a fotografia, outros com a música, outros com o desenho (como eu) e alguns na literatura (veja a epígrafe deste livro). Passei, então, a realizar trabalhos com os alunos de engenharia que envolvessem emoção e arte. Sempre com resultados muito positivos.

Com a pandemia, ficamos trancados, isolados. Com medo de tudo, ansiedade, luto, depressão. Emoções negativas em uma intensidade que eu não tinha experimentado antes. A minha pintura ficou impedida de acontecer, pois as aulas on-line demandam um tempo insano para preparação. O que pesou no meu desequilíbrio emocional. Noites sem fim de insônia, tortura, pensamentos de desesperança. Comecei terapia para poder suportar tudo isso.

Durante as madrugadas insones, algumas palavras permeavam a minha mente. Escrevi o primeiro verso às 4h de uma madrugada de insônia. E publiquei em uma rede social. Para minha surpresa, outras pessoas queridas compartilhavam minhas dores. Eu estava isolada, mas não sozinha nessa batalha.

Mostrei, então, à minha psicóloga, querida Ana Paula Oliveira da Silva, e ela me estimulou a continuar e registrar meus sentimentos em um livro, daí surgiu este trabalho. Uma nova vertente de arte, até eu, desta vez, surpreendi-me. Não sei por quanto tempo essa experiência vai continuar, talvez só o tempo da pandemia, mas tem me ajudado muito a suportar essa crise mundial.

Com o avançar da terapia trabalhando o luto e feridas antigas, transformei-os também em palavras rimadas e as registrei aqui. Tenho a sensação de que em cada verso que escrevo a dor sai do meu ser e fica presa nas palavras, libertando-me. O tempo que fico escolhendo as rimas é um tempo que não penso em tristeza, que me afasto da ansiedade. Santas rimas!!

Pense, então, neste livro como uma inspiração para buscar formas de você, também, lidar com suas dores emocionais. Digo isso para minhas amigas, e elas dizem: "eu não tenho habilidade com as palavras". O que quero dizer é que existem diversos caminhos, música, dança, desenho, escultura, esportes, enfim. Caminhos diferentes que para você podem ter o mesmo efeito que as palavras têm para mim. Novas habilidades podem surgir nesse olhar livre de buscar algo que não faz parte do seu dia normalmente. Olhe para dentro de você e busque formas de amenizar sua dor. Trabalhe suas emoções. Você merece ser feliz. É para isso que estamos neste mundo.

Busque alívio para sua dor sem medo de julgamentos. Fomos ensinados a nos preocupar com o que os outros pensam, mas nas horas das madrugadas insones estamos sós. E aqueles que julgam não se importam com seus sentimentos ou comportamentos de verdade. Aprendi que esses julgamentos são até mesmo superficiais, não são, na maioria das vezes, o que as pessoas realmente pensam, são só algo para poder falar em algum momento de tédio. Confrontadas em outro momento, elas mudam facilmente de discurso. É uma pena esse comportamento leviano, porque essas falas batem profundamente em quem é julgado, causam muita dor, agravando as dores que normalmente já se tem. E não são reais. As pessoas não têm responsabilidade com as palavras que emitem.

Então, busque a sua felicidade, sempre!!!!!

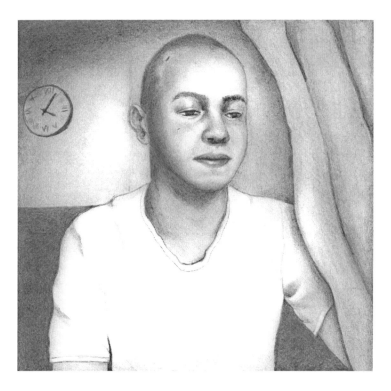

"Quando em angústia pela janela você olhar
E no vazio sua mente se fixar
Tua vida em segundos aos teus olhos vai se apresentar.
Não foque no mal que te fizeram, durante seu pensar.
Mas lembre-se das sementes do bem que deixaste no caminho para germinar."

HTuratti

Annabel Lee

Edgar Allan Poe (2018, p. 192)
(meu poeta preferido)

Há muitos anos, em outras primaveras
Em um reino solitário à beira mar
Vivia a mais bela das donzelas
Annabel Lee, seu nome ouço ecoar
A donzela pura como um serafim
Tanto me amava e era amada por mim.

Era menina, como eu também criança
Em reino solitário à beira-mar
Mas nosso amor era feito de pujança
Annabel Lee, sempre a me acompanhar
Até que os anjos vigilantes nas alturas
Nosso amor se puseram a cobiçar

E foi por isso que em outras primaveras
Em um reino solitário à beira-mar
O vento em noite sem lampejo
A Annabel Lee, veio logo resfriar

A família enlutada em cortejo
Partiu sem sequer me avisar
Ela foi enterrada sem meu beijo
Em um reino solitário à beira-mar

E os anjos infelizes nas alturas
Nosso amor para sempre a invejar
E foi por isso que em outras primaveras
Todos sabem, neste reino à beira-mar
Que o vento que escapa das procelas
A vida de Annabel Lee veio ceifar

Mas nosso amor era feito fortaleza
Que os mais velhos só podiam suspeitar
Os mais sábios logo viam a pureza
De um afeto que nasceu para durar
Nem anjos ou demônios no inferno
Ousam desafiar o que é eterno
E de Annabel Lee minha alma separar

A lua jamais desponta reluzente
Sem trazer seu rosto à minha mente
As estrelas nunca brilham luzidias
Sem que me recorde de nossas alegrias
E quando chega a fria madrugada
Repouso junto de minha amada
Fiz do cemitério nosso lar
Em um tumulo solitário à beira-mar.

SUMÁRIO

Início 23
Pandemia 25
Agitação 26
A morte 27
Presa estou eu 28
Ilusão 29
Solidão 30
Capturada 31
Estrada 32
Palavras 33
Farol 34
E então... 35
Sem ar 38
Desesperança 39
Libertação 40
Curto Roteiro 41
Misturados 42
Saudade 43
Poder das palavras 44
Fé 45
Aguenta firme 47
Fique atento 48
Poesia 49
Dito, mal dito 50
Busca-se um amigo 51

No trilhar da vida!	52
Pessoas que se vão...	53
Chorei!	54
Tortura, tortura	56
Nostalgia	57
Julgamentos	59
Fecha mente	60
Aroma de lembrança	61
Seja feliz	63
Mão estendida	64
Sem saída	65
Primaveras	67
Silêncio	69
Tempo	70
Dor	71
Como ondas do mar	73
Lento movimento	75
Maldição	76
Esse ano...	77
Finalizando	78

Início

A vida corria normalmente. Começo de 2020, víamos nos jornais e internet que um novo vírus havia surgido na China. Mas já havíamos visto antes vírus surgirem no globo. O ebola da África, H1N1, H5N1 da China, mas nunca haviam chegado até nossa realidade com a intensidade ou gravidade do Covid-19. Mas em 2020 o Covid-19 chegou ao Brasil, tornou-se uma realidade, uma dura realidade. Mortes se multiplicavam diariamente no país e em 17 de março, aqui no meu município, fomos conduzidos ao afastamento social. Única forma de proteção. Isolamento total de tudo, todos os compromissos e urgências deixaram de ser realidade, nosso dia virou ouvir notícias (essas muitas vezes contraditórias) com a esperança de que nossa rotina voltasse logo ao normal. Governantes confusos com a forma de conduzir tamanha realidade. Várias vertentes de pensamentos médicos em cada órgão de notícias, e o número de mortes subindo astronomicamente.

As duas primeiras semanas foram assustadoras. O Medo de morrer, a tristeza por ver pessoas morrendo, trouxe ansiedade e tristeza em uma intensidade nunca sentida. O que nos restou foi olhar pela janela as ruas vazias. Parecia que havíamos entrado em um desses filmes de George Romero ("invasão zumbi"), tão bizarro foi a situação, não conseguíamos acreditar no que estava acontecendo, a ficha não caía. O nosso trabalho se tornou uma confusão de tentativas e erros em um novo espaço virtual. Não havia mais noites de sono completas, as madrugadas abrigavam pensamentos de ansiedade e depressão. Quinze dias de isolamento e a certeza de que a rotina não voltaria ao normal tão cedo começou a tomar forma.

A morte foi se tornando a cada dia uma realidade, entendemos que a falsa sensação de imortalidade era apenas ilusão. Um pequeno vírus poderia levar tudo que tínhamos. Passamos a viver um dia de cada vez!

Em 29 de março, 12 dias após o início do isolamento no meu município, para controlar meus pensamentos negativos e de finitude, em uma noite silenciosa e insone nasceu meu primeiro verso. Foi a forma de expressar minha dor, quase uma forma de gritar ao mundo quanta agonia eu estava sentindo. No decorrer de todo o ano, vários poemas surgiram, palavras rimadas e sons que acalmaram a minha alma. Então, reuni todos eles neste documento para compartilhar com vocês.

Pandemia

E se levantou com o sol...
olhou pela janela e acompanhou o dia passar
e o sol declinar.
E nada mudou,
nada aprendeu, nada ensinou.
Não amou, não enlouqueceu.

E olhou pela janela.
Ruas vazias. Outros olhos nas janelas.
E nada mudou.
E a noite chegou.

E se levantou com o sol...
E nada mudou.

Agitação

No meio da noite, a escuridão exibe seu poder!
Lá fora tudo é silêncio!
O tempo imperador parece perder seu trono!
Os pensamentos se agitam...
Pensamentos que vão e vem,
Causam tristeza e alegria,
ódio e amor.
E lá fora tudo é silêncio!
Neste estado de angústia, nada é resolvido,
nada é solucionado, o tempo parece continuar sem seu poder, não passa!
A escuridão está em pleno controle.
E lá fora, ainda, tudo é silêncio!

A morte

Dizem que a morte está lá fora.
À espreita.
Flertando com os passantes.
Escondida nos hábitos mais primitivos.
Buscando nossa carne para seu deleite.
E então ficamos reféns...
do medo, dos beijos, dos abraços, das emoções,
das trocas de energia.
E de fato no afã de proteger a carne,
a morte leva, assim, faceira,
lentamente...
nossa alma!!!

Presa estou eu

Presa estou eu entre quatro paredes.
Presa estou num mar de notícias sem fim.
Presa, num mar de mensagens sufocantes.
Presa também
em meus próprios pensamentos,
que, traiçoeiros, não me libertam.
Sim.
Presa.
Presa sem vislumbre de liberdade.
Apenas presa!

Ilusão

Vivíamos no futuro, sem olhar o agora.
Sem saborear cada pequena benção a nossa volta.
Sem olhar o irmão ao nosso lado.
Sem se compadecer do sofrimento alheio.
Apenas buscando uma situação,
um status para viver no futuro.
Mas nunca soubemos se teríamos futuro.
Falsa ilusão.
O futuro é o agora.
O sentir é agora.
O viver é agora.
O já.
O próximo minuto não se sabe se existirá.

Solidão

É hora da escuridão,
o silêncio tenta se fazer presente.
Um cachorro late distante.
Um carro passa esporadicamente.
E você, neste momento, entende perfeitamente
o conceito de solidão.
Mas você também percebe que ela, a solidão,
está sempre com você.
Ela te faz companhia a tanto tempo
que já é algo com que você pode
realmente contar.
E você sabe que isto vai durar até que a morte
venha requerer sua companhia.
E então, só então, é você quem vai deixá-la!

Capturada

No silêncio da madrugada
sua mente busca por esperança.
O tempo que um dia te fez prisioneiro,
voltou e te capturou novamente.
Dizem que vai passar...

Não vai.

O tempo carcereiro pode até aliviar
esperando você se encher de esperança.
Mas ele volta. Pra te pegar novamente.
E te aprisionar novamente. Não vai passar.
Não se iluda.
Não vai passar!

Em ciclos repetidos,
O tempo traiçoeiro, volta a contigo brincar,
Te aprisionando novamente
Numa nova onda a te afogar

E você nesse turbilhão
Entende que o tempo não vai te deixar.
As forças lhe faltam
Para desta nova onda se livrar.

Então não se iluda,
Não vai passar.

Não vai.

Estrada

Quando pra estrada se olha,
mil possibilidades se abrem.
Um mundo a percorrer, a explorar, a descobrir!
A possibilidade de pegar essa estrada,
sumir no mundo, de viver novas vidas,
conhecer novos mundos,
é um sonho,
Uma vontade.
Apenas esperança.

Tantas amarras te mantém firme onde está.
Como se fiéis de espinhos dourados envolvessem
seu corpo, te aprisionando.
E um mundo inteirinho à sua disposição.
Mas cada movimento para escapar dessas amarras
te machuca, te fere, te faz sangrar.

Coragem!
Não desista. Enfrente a dor.
E então, quem sabe, esta possibilidade deixará de
ser apenas
um sonho.
Uma vontade.
Não será mais, apenas, esperança.

Palavras

Ansiedade, angústia, agonia,
palavras que te sufocam.
Mais que palavras, uma realidade
sentida, sofrida, sussurrada
no fundo dos seus pensamentos
sem controle ou solução.
Que te esmagam, te enganam e te entorpecem.
Ahhh, essas palavras....

Farol

Uma iluminação débil me guiava
em meio à escuridão.
Meus passos eram firmes e ligeiros.
Determinada, avançava sem pensar.

Mas a luz que me guiava se apagou.
Meus passos não são mais ligeiros.
Insegura estou eu ao caminhar.
Sem ver não há mais determinação.
Me disseram assim é a vida, confie e siga.
Às cegas.
Sem certezas ou convicções.
Apenas siga!
E então, desde então, seguindo estou...
Às cegas...

E então...

Em 27 de maio, 72 dias de isolamento social, as coisas vinham piorando. O isolamento sufocava. E o uso de máscaras vinha sendo solicitado em ambientes fechados. Única proteção real contra o mal que nos assolava. Neste dia, no meu bairro, o uso se tornou obrigatório nas ruas e parques também. O uso desta máscara é sufocante. Uma representação de quanta liberdade perdemos. Um novo luto se instalava. A voz abafada, o ar tolhido e a visão embaçada trouxeram um novo símbolo de prisão. Toda essa situação é tão bizarra, tão fora da realidade, mas infelizmente é, sim, nossa realidade.

Preciso comentar que todos esses dias foram de um sol esplendoroso. Nenhum dia de chuva, as pessoas reclamavam a necessidade de chuva. Mas nenhum dia se fez cinza. Eu, em silêncio, agradecia a cada amanhecer iluminado. Parecia Deus sinalizando que as coisas iriam melhorar, para não perdermos a esperança. Eu só pensava que se o dia amanhecesse nublado nós não aguentaríamos a clausura. A tristeza seria insuportável. Então, sou muito agradecida por tantos dias ensolarados, mesmo com a consciência da importância da presença da chuva. Mas o sol foi vital para nossa sobrevivência.

O verso "desesperança" nasceu no primeiro dia nublado desta pandemia, dia 27/06, 104 dias de isolamento. Aquilo que eu imaginava como seria, sentia na realidade naquele dia, o desanimo e a tristeza aumentaram significativamente. Meu agradecimento pelos 103 dias de sol aumentou.

Nesse momento que você lê este livro, fora dessa realidade, você deve pensar que bobagem, tá de férias, não precisa fazer nada, aproveita. Mas a realidade nesse contexto é sufocante, o número de mortes só aumenta, o medo é uma realidade. Não se pode ir à praia, ou ao shopping, ao cinema, à biblioteca, nada. O trabalho não parou, transformou-se em remoto. Eu, enquanto professora, passei a dar aulas no meu quarto. Minha vida particular e profissional se misturaram. Nunca tive habilidade para as câmeras e tive que me adaptar e superar o meu perfeccionismo. A qualidade do trabalho se tornou bem questionável, pela inexperiência nesse formato on-line, eu me sentia começando na docência novamente, depois de 17 anos de trabalho. Tanto estudo, tantas histórias para contar, todas inúteis neste modelo, sentia-me inútil. O atendimento ao aluno se tornou 24 horas diárias, tive que aprender a controlar os limites de um trabalho em casa. No ambiente virtual, preparando materiais que fossem os mais independentes possíveis, consumia muito tempo. Mas os alunos continuavam na mesma dependência de uma aula presencial. Foi necessário encontrar o equilíbrio para esta nova forma de aprender e ensinar. Sentir que os alunos estavam tristes também e não poder ajudar, aproximar-me, os aparecimentos deles nas redes sociais foram diminuindo. Todos estavam tristes, ninguém podia ajudar ninguém.

Foram muitas mudanças emocionais, muitas perdas, muita aprendizagem, um novo modelo de viver. Pensamentos sobre o que realmente valia a pena eram constantes. O que manteremos e o que mudaremos quando sairmos desse processo? Uma transformação está acontecendo, vamos ver no que vai dar. Enquanto isso, espero que goste de algum verso escrito aqui. Pois para mim cada um foi vital para sobreviver à pandemia. Agradeço a presença deles na minha vida. São uma benção divina!

Sem ar

Quando as trevas envolvem seu caminho
e seu ar é roubado de você.
Você sente sua garganta secar.
Seu olhar embaça e você perde a perspectiva.
E logo você pensa é o fim.

Sem visão e sem ar para onde se vai?

No breu mais profundo,
sem esperança,

para onde se vai?

Desesperança

Cinza, cinza, cinza.
Abri meus olhos.
Cinza está o céu hoje.
A esperança é um fragmento do que um dia foi.
Esta cinza, enfraquecida, debilitada.
Como o céu que hoje vejo.
Ele é um reflexo.
Um reflexo de uma alma perdida,
desiludida, desesperançada.

Cinza, cinza, cinza.
Cinza está o céu hoje.
Cinza, também, minha alma.
Cinza este ano sem esperança.
Cinza a visão de um futuro,
que talvez não exista.
Cinza, cinza, cinza.

Libertação

Versos, palavras, que permeiam e
inundam meu cérebro.
Quando saem e alcançam o mundo,
levam consigo os sentimentos.
Bons ou maus.
Todos eles se vão.
Ao iniciar sua caminhada,
liberam meus pensamentos,
para novas palavras e sentimentos.
É o fim.
Ou,
talvez, um novo começo!

Curto Roteiro

Morte, perda, luto.
Saudade infinita de alguém que partiu.
Se foi.
Iniciou nova viagem.
A vida é um roteiro.
Curto roteiro.
Passa tão rápido.
Mas ficam as lembranças.
Ficam, sim.
O amor trocado. Os momentos vividos.
As bênçãos compartilhadas.
Pílulas preciosas que vão amenizar essa saudade.
E nos manter
até um provável reencontro em um novo roteiro.

Misturados

Luz no caminho...
Será?
Escuridão. Talvez.
Nossa estrada se mostra indecisa.
Não enxergamos bem.
Trevas e luz se confundem, se misturam.
O bem e o mal juntos, inseparáveis.
Tênues julgamentos que salvam ou destroem.
Ilha deserta de sentimentos lotados.
Porque a vida é assim.
Uma mistura plena e vazia.
E só!
E tudo isso!

Saudade

Saudade de um tempo de liberdade.
Quando nossa respiração não era tolhida.
Quando nossa visão não era
constantemente embaçada.
Quando acreditavamos que o futuro existiria.
Agora o que resta é saudade!
O hoje, através desta visão nebulosa,
parece nem existir.
A esperança agoniza,
perde suas forças,
se despede!
Só resta a saudade!

Poder das palavras

Ahhh... as palavras. Arma poderosa.
O uso correto pode salvar vidas.
Mas se usada incorretamente, pode
destruir ferozmente almas.

Ahhh... as palavras. Arma poderosa.
Sai com tanta facilidade pela boca,
de forma tão leviana.
Sai sem pensarmos em como elas podem ferir.
Machucar. Destruir.

Ahhh... as palavras. Arma poderosa.
Se usada com responsabilidade pode ajudar,
fortalecer, salvar.
Do contrário, pode dilacerar, estraçalhar, exterminar
sem piedade.

Então pense, com cuidado, com atenção
pense, hoje, como vai usar as suas antes de libertá-las.
Depois das palavras lançadas, não há volta.
Somente consequências.

Fé

No escuro da noite, recordo um tempo que não mais existe.
E não sei se voltará.
Tempo onde tudo era simples, tudo era certo, tudo era fácil.
A felicidade se fazia presente nas pequenas coisas e ações.
Hoje tudo é medido, tudo é pensado.
Uma nova era de tristeza e dor paira no ar.
Somente a esperança ainda se mantém.

Esperança. Em tempos de tristeza e dor,
é ela que se mantém.
Mesmo débil, fraca, quase sem forças, ela se mantém.
Chama trêmula, tênue iluminação.
Só ela pode nos conduzir para fora desta densa nuvem
que nos envolve e nos sufoca.
Sim, ela se mantém.
Mesmo sem ser alimentada, mesmo que nossos olhos
embaçados não vejam saída. Ela se mantém.
Será mesmo esperança?
Ou será fé?

Figura 1 – Fé, força interna que nos mantêm em pé quando as coisas parecem não ter saída

Fonte: HTuratti, 2020

Aguenta firme

Seja forte, fique firme!
Quando a dor se agarrar ao seu coração.
Fincar nele suas garras como um parasita.
Destruir, dilacerar, se alimentar lentamente de tudo de bom que existe nele.
Seja forte, fique firme.
Quando a dor lancinante te cegar e você não ver mais saída.
Quando a dor dilacerante te fizer pensar que tudo acabou.
Seja forte, fique firme.
Encare a dor de frente. Não recorra a subterfugios.
Eles não vão resolver, nem te salvar.
A dor vem para te mudar, te fazer mais forte.
Vai destruir partes de você, vai, sim.
Como a borboleta que deixa sua casca de lagarta para trás.
Mas, assim também como para a borboleta, trará um novo ser ao mundo.
Seja forte, fique firme.
Não digo que entenda ou concorde com a necessidade da dor para que haja crescimento.
Mas entendi que é assim, a vida é assim, simplesmente é assim.
Então...
Seja forte e aguenta firme!!!

Fique atento

Quando tudo "aparentemente" estver bem,
Mas seus olhos insistirem em se inundar.
Preste atenção!
Quando seu cerébro consciente disser que não há nada errado,
Mas você sentir uma força constritora sobre seu coração.
Preste atenção!
Quando seu dia correr como todos os dias, sem grandes atribulações,
Mas sua alma ser inundada por uma tristeza profunda.
Preste atenção!
É seu corpo inconsciente te dizendo que algo não esta bem.
Ele quer te dizer que:
Você viveu sem viver.
Amou sem amar.
Experienciou sem aprender.
Sua jornada não está completa.
Você está deixando algo passar.
Então, só preste mais atenção.
Viva, sinta, busque novos caminhos.
Saia da sua zona de conforto.
Descubra o que seu inconsciente quer te dizer
Antes que ele precise gritar tão alto que te machuque,
Só para te fazer ouvir!
Apenas, preste atenção, enquanto é tempo.

Poesia

E quando a dor invadiu meu coração,
A poesia e seus versos se fizeram presentes.
As palavras que nunca permearam minha imaginação
Agora vagueiam com facilidade minha mente.

Os estribilhos utilizados em cada composição
Levam porções de dor, paulatinamente.
E cada sofrimento traduzido em palavras, sem exceção,
Trazem de volta o equilibrio à minha alma novamente.

Como uma melodia, as palavras têm sua disposição
Sons que se juntam harmoniosamente.
Nessa dança de sons, a dor entra em decomposição,
Desaparecendo vagarosamente.

Dito, *mal dito*

Daí ele disse o que não deveria dizer
E fez o que não deveria fazer,
Sem saber o que se passava, fez julgamentos vis e machucou quem amava.

Não há volta desse caminho.
A ferida foi instalada.
O que ele não entendia
É que a dor de cada um
Vem de cada história passada.

Sem viver na pele do outro,
Sem sentir suas tropeçadas,
É dificil entender
O tamanho da tristeza causada.

Busca-se um amigo

Num mundo onde tudo é tão difícil,
Amizades verdadeiras não são fáceis de encontrar
Conversas superficiais pra ser gentil
Em sentimentos reais não se há de chegar.

E em relação, assim, aparente, quase infantil,
O interesse é o único objetivo de se aproximar.
Tanta energia envolvida é um gasto de tempo,
tempo inútil
Em sentimentos reais não se há de chegar.

É uma pena, muito se perde nesse movimento vil.
As pessoas têm tanto a oferecer, rica experiência
particular,
Mas só o tempo se perde nessa relação débil
Em sentimentos reais não se há de chegar.

No trilhar da vida!

Coragem, pra suportar o que está por vir.
Na trilha da vida,
sozinho você andará.
Suas pisadas, seu aprender, seu caminhar,
Ninguém vai te acompanhar,
Sozinho você andará.
Quando tudo realmente desmoronar
E a mão vc estender, pra socorro tentar buscar,
Ninguém vai te ajudar,
Sozinho você estará.
Aprenda a ter força, paciência e coragem
E saiba que sua trilha
Sozinho você percorrerá.

Pessoas que se vão...

Um vazio, um buraco no coração,
Um tempo vivido,
Pessoas que se vão,
Tudo isso esquecido,
Com certeza não.

E tantas histórias vividas,
Nem pensar que foram em vão,
Tudo fica registrado
Num arquivo de emoção.

É possivel ser acessado
Cada sentimento guardado
Nesse baú de inspiração.
Então, não se faça de rogado,
Faça uso indiscriminado
Desse arquivo no coração.

Chorei!

E quando numa onda sem controle a tristeza chegou,
Eu chorei.
E quando meu ar foi limitado e
Minha visão se embaçou,
Eu chorei.
Quando a liberdade se acabou
E o luto em massa se instalou,
Eu chorei.
Mas desta vez eu também orei.
E nesta sensação de que tudo acabou,
Que o fim chegou,
Uma corrente de fé e de força se iniciou.
E de repente um novo olhar pra vida começou.
E eu, desta vez,
apenas
orei.

Figura 2 – Só com fé seguimos em frente

Fonte: HTuratti, 2018

Tortura, tortura

Da calma plena e feliz,
Uma onda de raiva surge sem aviso.
Transforma tudo que toca em dor,
Destruindo qualquer sorriso.

Olhar de ódio, gritos de colera
Vêm de onde, me responda.
Não há motivo, é insano vêm do nada,
sem aviso.

Não há culpa, é doença ou talvez algo ingerido,
é necessário consciência para não
repetir tamanho prejuizo.

Nostalgia

Um aroma suave invade o ambiente,
Doces lembranças voltam à minha mente,
Recordações de um tempo que passou,
Histórias vividas,
Outras imaginadas.
Todas se confundem em meio às lembranças.
Se misturam
Fragmentos de um tempo que se foi,
Peças de um quebra-cabeça que se harmonizam.
E nessa doce mistura
Vem uma saudade.
Nostalgia,
De alguém que um dia fui,
De sonhos sonhados,
Planos criados,
Todos presos em um passado,
Vividos ou não,
Hoje é apenas nostalgia!!!

Figura 3 – Orquidea Chocolate, exala um aroma suave de chocolate no ar

Fonte: HTuratti, 2020

Julgamentos

Julgamentos vãos. Injustiças cegas.
Corroem o coração,
Não vêem o que já carregas,
Pesos, que nosso não são,
Mas com facilidade te delegam,
Deixemos que vão.

Amigos não são,
Pois se fossem te dariam trégua
Nesse mar de "injustiças cegas".

Fecha mente

Devaneios, pensamentos,
Estórias inventadas,
Poesia,
Palavras contadas,
Liberdade, alegria.
Fechamento,
Fecha mente.

Aroma de lembrança

Um aroma suave invade o ambiente.
Doces lembranças voltam à minha mente.

Chegam de mansinho
Trazendo com carinho

Fragmentos de algo que vivi,
Que no passado esqueci.

Sonhos realizados,
Caminhos trilhados,
Segredos bem guardados.

Todos resgatados.

Por um aroma suave que invade o ambiente.

Figura 4 - Rosas

Fonte: HTuratti, 2016

Seja feliz

Julgamento alheio
Não modifica quem és.
Não tenhas receio,
Mantenha seu viés.

A vida não é um torneio,
Não entre nesse revés,
Capricha no devaneio
E seja feliz, ao invés.

Mão estendida

Afetos tentou buscar,
Amigos vis não souberam valorizar
E um estrago vieram a causar.
Em vão, não tenta mais confiar,
Sabe que novamente vão machucar.
Fechada está. Mas uma mão tenta se aproximar,
Com medo, a faz se afastar.
E este ser não desiste, volta a tentar ajudar,
Traz presentes, carinhos. Tanto medo deixar chegar.
Mas devagarinho as feridas começam a sarar
E uma curiosidade vem a se instalar.
Será amizade de verdade, coisa rara de encontrar
Ou, de novo, vantagens quer tirar.
Aquela mão estendida talvez um dia possa se aproximar
E um amigo de verdade vir a se tornar.

Sem saída

Planos, compromissos,
Projetos,
Ações que não se pode adiar.
Uma vida que gira sem parar,
Um correr desesperado para mil obrigações poder honrar.

Curto tempo para tanta atividade desempenhar
E poucas belezas poder aproveitar.
Tempo não havia para amores verdadeiros cultivar,
Nem sua familia poder cuidar.

Mas, de uma hora para outra,
Tudo pareceu desmoronar.
Do nada a vida teve que parar
E um novo movimento o mundo teve que se acostumar.

A urgência que antes era uma constante
Perdeu força, perdeu lugar.
Prioridades se teve que alterar
Para uma nova realidade, sem saída, encarar.

Tristeza, saudade, depressão,
Sentimentos que vieram para ficar
Companheiros da solidão,

De um tempo que parece não passar
E ao mesmo tempo voa em vão.

Será que há algo para ficar?
Encarar a vida com um novo olhar,
Um comportamento a mudar?
O que é certo é que suas prioridades agora
deve repensar.

Primaveras

E a primavera chegou,
Estação das flores, cores e amores,
Belezas infinitas,
Bênçãos percebidas.

Mesmo em meio ao caos
Sufocante de tristeza e dor,
Se conseguires fixar o olhar
Verás
Primaveras.

Não desista.
Não se perca, um saída há de encontrar.
Perfeição infinita
Em cada detalhe as de notar.
E verás
Primaveras.

Escuridão, não se engane,
Tudo há de mudar.
Como as estações costumam, todo ano alterar
o tom do dia, que te faz rodear,
Assim verás
Primaveras.

Figura 5 – Rosas, flores, Primaveras

Fonte: HTuratti, 2020

Silêncio

Minha mente, um turbilhão de pensamentos.
O passado e o futuro se misturam,
Me assombram.
Silêncio.

Verdades, mentiras, busco discernimento.
Medo e coragem se costuram,
Me assomam.
Silêncio.

Dor e solidão, ressentimento,
Desespero e tortura se emolduram.
Pensamentos que algemam.
Silêncio.

Fragmento de Sentimentos,
Silêncio
que restaura.
Quietudes que acalmam.

Silêncio.

Tempo

Tempo, esse tempo traiçoeiro
Como areia escoa faceiro
Na ampulheta da vida,
Nos mantendo prisioneiro.

Em meio à pandemia,
Ele é nosso fiel companheiro.
O tempo, que escoa derradeiro,
É sempre um amigo desordeiro.

Esse fiel Escudeiro
Esconde um segredo verdadeiro.
A cada passada de seu ponteiro
Deixa se aproximar a morte, esse ser tão sorrateiro.

E quando você for pego por este embusteiro,
O tempo, este amigo zombeteiro,
Deixará de ser arteiro,
Pois na morte ele não tem vez, deixa então de ser bisbilhoteiro.

Dor

O nascer de um novo dia
Traz consigo um possível recomeço.
Ao sair da solitária noite fria,
Esquecer maldades e injustiças, eu anseio.

As magoas sofridas,
As dores sentidas,
Um coração a sangrar
Tem neste novo dia uma nova chance de cicatrizar.

O dia passa
E a dor sentida não esqueço,
Lateja sem parar
No fundo do peito.

Gravada por ferro em brasa,
Não tem jeito
De tal ferida sarar.
Tão profundo está o mal feito.

Dor, que junto a ti caminha,
Dia e noite sem descanço.
Em dor, seu coração definha
Desejando um remanso.

Talvez um dia,
Venha a cicatrizar
Tais feridas que ousam te magoar.
E então neste novo dia,
Uma nova luz possa brilhar.

Como ondas do mar

Olhos na multidão a vagar,
Conversas etereas a escutar,
Nunca seu interior alcançar,
Gritos desesperados a calar,
É a solidão a se instalar.

Dores profundas a machucar,
Nunca alguém para conversar,
Mesmo um universo em seu peito a ofertar,
Nenhum olhar, seu desespero notar,
É a solidão a se instalar.

Rotina que se repete sem parar,
Dias que se esvaem como ondas do mar,
Mas nunca nas suas profundezas tocar,
É a solidão a se instalar.

Seu universo interior em tristeza passa a definhar,
Sem forças, desiste de tentar
Que qualquer alma venha a lhe notar,
É a solidão que instalada já está.

Não vê mais saída desse lugar,
Um universo interior a sufocar
E somente observar
A vida passar como ondas do mar
Sem de verdade as suas profundezas alcançar.

Figura 6 – Flor de Cera, linda flor que esconde sua delicadeza em um aspecto de cera perfeito

Fonte: HTuratti, 2016

Lento movimento

Paisagem calma,
Serena,
Silêncio,
Montanhas azuladas, nevadas,
Mar gelado,
Calmo, lindo,
Profundezas de plena escuridão, reflexos.
Meu corpo inerte, cansado deitado sobre uma jangada,
Frágil ligação com o cais,
Vínculo que se rompe
E se inicia uma viagem,
A viagem.
Meu corpo, assim, imóvel,
Sem forças.
Encarando, deitada, o azul celeste
De um céu tão brilhante,
Ardem meus olhos,
Lágrimas.
Sem mais vinculo com o cais,
A jangada desliza, solta,
Lento movimento,
Silêncio.
Autoconhecimento,
Lento movimento.

Maldição

Como de uma maldição se libertar?
Prisão de pensamentos
que insistem em te acorrentar
a um passado que presente ainda está.

Imagens recorrentes,
Difíceis de esquecer,
Que atormentam a mente,
No passado deviam permanecer.

Então me diga,
Como dessa maldição me libertar?
Se nos pensamentos
não se pode mandar.

Chás, orações e na madrugada caminhar,
De tudo já foi feito
Para está maldição quebrar.

Tudo em vão, pois bem presente
ela ainda está.
No coração que aperta no peito,

Sem esperança de se libertar.

Esse ano...

Perdas, dor, afastamento,
Luto,
Pessoas que se vão,
Amigos que se afastam,
Coisas que se perdem.
Vazio.
Tristeza.
Rotinas destruidas.
Planos cancelados.
Prisão.
Sofrimento.
Tortura.
E o que resta no final?
Somente eu.
Olhar pra mim,
Mergulhar em mim,
Me conhecer.
Como me relaciono com a dor
e com a perda?
Nada, nunca, em tamanha intensidade
Falta ar, visão para seguir,
Suportar.
Preciso
Me reinventar,
Me resignificar,
Me refazer
Para recomeçar.

Finalizando

Agora é quase dezembro, estou finalizando este projeto. O virus ainda é uma realidade diária. Os sintomas mais comuns em quem pega o virus são febre, cansaço e tosse seca, além de dores, congestão nasal, dor de cabeça, dor de garganta, diarreia, perda de paladar ou olfato, erupção cutânea na pele ou descoloração dos dedos das mãos ou dos pés, uma taxa de letalidade de quase 3%. E o indice de mortes aumentou nas ultimas semanas. Dizem que entramos em uma segunda onda de contaminação no Brasil. Esta fase parece não ter fim.

Isto aconteceu porque as pessoas se descuidaram e voltaram a frequentar praias, festas, shoppings, a aglomeração deu liberdade ao virus. Não condeno as pessoas, estamos cansados de ficar trancados e em restrição. Já se vão quase nove meses nesta rotina de confinamento. Mas precisamos nos conscientizar que o confinamento é importante, que é a única forma de nos proteger.

Na Europa a segunda onda começou a partir de julho de 2020, agravada por uma mutação do virus original rastreada inicalmente na Espanha. Os pesquisadores ainda não têm muita informação sobre a mutação, mas eles acham que ele não vai impactar na imunização das vacinas em estudo.

Noticias sobre os testes com as vacinas indicando que eles estão em fase final trazem uma luz para nosso caminhar. Dizem que em janeiro, a vacina começa a circular. Imagino que esta será a única solução para voltarmos ao normal.

Vale comentar que em 2020 não enfrentamos somente o virus. Foi uma ano bem dificil. Várias catastrofes assolaram o mundo, como o incendio na Autrália, no começo do ano, que devastou cerca de 115 mil km² de matas e florestas, matando 30 pessoas e destruindo milhares de casas. O incendio no Pantanal, em meados de julho, que queimou mais de 2,3 milhões de hectares do bioma e matou diversas espécies de animais.

Terremotos que mataram centenas, na turquia, Caribe, Grecia, Mexico, Honduras, e eu nem consegui acompanhar todas as noticias. Furacões, deslizamentos, inundações em todo o mundo e um ciclone-bomba aqui em Santa Catarina. E, claro, não posso esquecer da nuvem de gafanhotos que destruiu plantações na Argentina.

Enfm, foi um ano de muitas noticias tristes, perdemos o Louro Jose, Sean Connery e Maradona, entre outros famosos, além das mais de 172 mil pessoas no Brasil pelo virus. No mundo, este número chega a quase um milhão e meio de mortes. É um número assustador.

Cada dia dá até medo de ver as noticias. Ainda há um mês para o ano acabar, torcemos para não ter mais "novidades" e que 2021 seja mais suave.

O que todos estes acontecimentos nos trouxeram foi uma visão sobre como precisamos valorizar as pequenas coisa da vida, os pequenos momentos e as pessoas que amamos. O tempo passa muito rápido, e não sabemos por quanto tempo teremos nossa existência neste plano. As prioridades devem ser repensadas, pois tudo pode se acabar em um segundo. Então, vamos aproveitar os momentos, apreciar as pequenas bênçãos diárias, dizer o que sentimos às pessoas que amamos, experimentar novas emoções, enfim, aprender e sentir.

FIM

Figura 7 – Pássaros representam a liberdade, que ansiamos resgatar

Fonte: HTuratti, 2019